I0082189

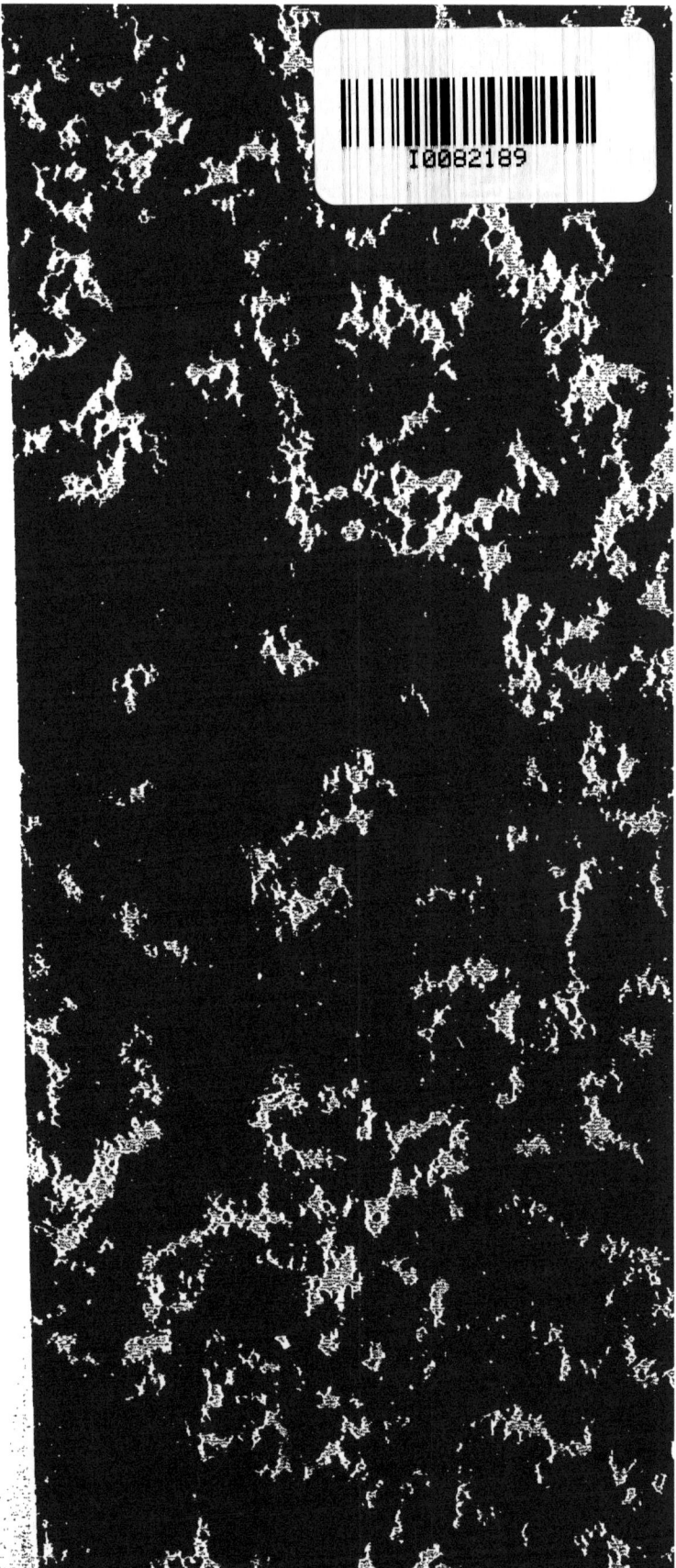

PHILOSOPHIE

DE

L'A VIEILLESSE

SELON

Cicéron & Mme Swetchine

PAR

ANTOINE MOLLIÈRE

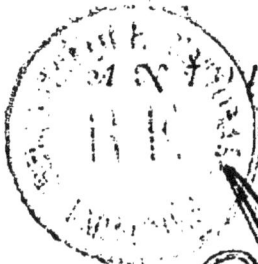

LYON

P. N. JOSSERAND, LIBRAIRE-ÉDITEUR

3, place Bellecour, 3

1876

PHILOSOPHIE

DE

L A VIEILLESSE

OUVRAGES DU MÊME AUTEUR

——— —

DES LOIS INTIMES DE LA SOCIÉTÉ. Deuxième édition, Lyon, J.-B. Pélagaud, 1867. 1 vol. in-8º, prix 6 fr. 5o c.

MÉTAPHYSIQUE DE L'ART. Nouvelle édition, Lyon, Scheuring éditeur, imprimerie Louis Perrin, 1868. 1 vol. in-8º, papier vergé et teinté, prix 10 fr.

DE LA DESTINÉE HUMAINE ou méditations sur la science des êtres et de leurs rapports. Lyon, 1873, librairie Josserand; in-18 raisin, prix 2 fr. Vienne ,imp. Savigné.

LE BON-SENS SOCIAL ou études de politique rationnelle. Librairie Josserand, 1 vol. in-18 jésus, 1874.

———

Vienne, imp. Savigné

PHILOSOPHIE

DE

LA VIEILLESSE

SELON

Cicéron & Mme Swetchine

PAR

ANTOINE MOLLIÈRE

LYON

P. N. JOSSERAND, LIBRAIRE-ÉDITEUR

3, place Bellecour, 3

1876

C.

AVERTISSEMENT

Cette Étude s'adresse plus particulièrement à ceux de nos lecteurs qui touchent au terme des plus longues existences humaines. Mais, quant à ceux qui n'entrevoient encore ce grave inconvénient de la vie que dans le fond obscur de leurs plus lointaines appréhensions, ils y trouveront aussi quelque intérêt, si Platon a sagement parlé quand il a dit : Philosopher, c'est apprendre à mourir.

On pourra la considérer comme une dernière Méditation à ajouter à notre ouvrage De la Destinée humaine ; ceux de nos lecteurs qui ont bien voulu se le procurer, pourront l'y réunir comme son complément naturel.

Toutefois, il est de notre devoir de faire remarquer que ce nouvel opuscule, tout philosophique, n'ayant point eu à réclamer une autorisation telle que la nécessitait le caractère quelque peu théologique du premier ouvrage, il ne peut en aucune façon s'abriter sous le double patronage que deux princes éminents de l'Église avaient daigné accorder à celui-ci.

A. M.

Lyon, septembre 1876.

Sɪ la mort est la fin de cette vie, est-elle le commencement d'une autre?... Terme de notre voyage à travers le Temps, est-elle encore le point de départ de notre entrée dans des régions inconnues au delà du Temps? Ne serait-elle ainsi qu'une borne posée entre deux vies, l'une présente et l'autre future, qu'un sombre voile tendu entre une vie d'épreuves et une vie de rétribution finale, pour la sauvegarde et l'honneur de l'humaine liberté?...

Est-elle, au contraire, la fin véritable, le véritable terme de l'existence, l'extinction absolue de cette douce et chaude lumière qui rayonne du dedans au dehors de l'être?.. Serait-elle ainsi la suppression, rassurante pour les méchants, de toutes les responsabilités morales, et la déception, amère pour les gens de bien, de tous les mérites et de toutes les espérances, le point d'arrêt suprême des tendances obstinées de notre être au souverain Bien : en un mot, le rien, le néant moral et matériel dans sa plus basse indigence ?...

Questions solennelles, qui se posent fatalement en tout esprit sincère, à cet âge sévère et sombre, où se sont dissipés toutes les illusions et tous les enchantements de la vie ; où les fleurs ne bordent plus le chemin, où les fruits sont tombés mûrs ou flétris : en d'autres termes, où la santé s'altère, où la machine se disloque, où le principe intelligent et conscient de lui-même assiste attristé à ce lent anéantissement de sa

frêle enveloppe ou plutôt de son serviteur épuisé;
où s'aperçoit enfin cet abîme profond et prochain,
dans lequel tout ce qui a eu vie matérielle va
successivement s'engloutir.

C'est donc cet âge qu'il importe d'étudier;
c'est à lui qu'il faut demander les plus décisives
lumières qui se puissent projeter sur ce grand
problème. Car à la puissance intellectuelle na-
tive, il unit les richesses de l'expérience acquise,
la longue épreuve de toutes les réalités comme
de toutes les vanités de la vie, et enfin une dis-
position d'esprit assez désintéressé du présent
pour se pouvoir préoccuper plus sainement des
solutions que recèle l'avenir.

Sans doute la jeunesse a de plus ardentes éner-
gies dans ses recherches de la vérité; ses facultés
s'y portent d'une force que n'a encore lassée ni
rebutée aucun obstacle, aucune déception; elle
marche sur la voie étroite et escarpée du vrai
dans toute la confiance de sa jeune liberté.

Mais c'est surtout dans l'ordre des vérités du monde extérieur qu'elle a ses succès les plus éclatants. Elle y soulève de plus en plus avec bonheur le voile jaloux qui recouvre la nature des êtres et des choses; et, sauf cette mystérieuse sève de vie qu'elle retrouve partout et qu'elle ne peut même définir, elle se plait à croire que bientôt pour elle le monde physique n'aura plus de secrets, la science plus d'inconnues.

En est-il ainsi dans l'ordre de ces sciences supérieures, les plus dignes de ce nom, qui ont pour objet les causes et les fins des êtres, et qui, dépassant par la puissance de la raison les bornes entre lesquelles l'homme est circonscrit dans le temps, lui assignent au delà du temps une place plus digne de la hauteur de ses pensées, de la sublimité de ses aspirations ?

Non; pour bien approfondir ces choses, il faut le calme autant que la maturité de l'esprit, et la paix d'un cœur affranchi de toutes les séductions de la jeunesse comme de tous ses orages. C'est

alors seulement que l'âme est apte à se prononcer
sur l'ensemble de sa destinée, alors qu'elle peut
le mieux connaître et conclure.

Et c'est pourquoi les fortes âmes ne se laissent
point abattre par les défaillances du corps ;
qu'elles en profitent, au contraire, pour se déga-
ger encore davantage des entraves de la matière, et
s'élever d'un vol plus hardi vers ces régions se-
reines de l'invisible, vers ce monde de l'essence
pure, où la notion de l'être se confond avec sa
réalité, où la connaissance, en d'autres termes,
est consubstantielle à l'être lui-même.

Assurément la raison de l'homme n'atteint
pas au but ainsi entrevu pendant cette courte
vie, mais elle peut en approcher : et c'est surtout
en cherchant à se rendre compte de la vieillesse
qu'elle y peut parvenir.

Aussi de tout temps a t-on philosophé sur ce
grave sujet. Les esprits les plus divers l'ont tourné
et retourné en tous sens pour en faire sortir les
uns le scepticisme, les autres la doctrine : le dé-

sespoir ou l'espérance. C'est alors, en effet, qu'il faut plus que jamais se résoudre à affirmer ou à nier, qu'il faut savoir ce que signifie la vie, ce que recouvre la mort.

Au lieu donc de nous en expliquer dès l'abord nous-même, il nous a semblé utile et même piquant de rechercher ce qu'en a pensé la sagesse antique aussi bien que la moderne, de les mettre en présence, de les interroger et de les comparer, afin d'en déduire ensuite plus sûrement la vraie loi de la destinée humaine.

Or, l'un des plus brillants esprits qui, dans le monde païen, aient traité, en quelque sorte *ex professo*, cette question délicate et terrible de la vieillesse, c'est assurément Cicéron. L'illustre Romain, après une longue vie tissée d'honneurs, de revers et de gloire, a voulu se recueillir pour formuler son opinion raisonnée sur cette dernière phase de l'humaine existence.

D'un autre côté, dans notre âge moderne, que

dis-je? dans notre temps même, c'était hier! un des plus beaux et des plus fermes esprits qui y aient brillé, nous a laissé aussi sa pensée sur cette lugubre conclusion de tout bonheur ici-bas; et cet esprit n'est autre que celui d'une femme, d'une femme appartenant même à l'une de ces races auxquelles le fier citoyen de Rome jetait avec tant de dédain l'épithète flétrissante de Barbares. Après une vie nécessairement resserrée dans l'étroite sphère des élégances mondaines, des études solitaires et des intimes communications de la correspondance (cet incontestable triomphe du génie féminin!) Madame Swetchine a tenu, de même, à se rendre compte de la vieillesse; et ce n'est pas un des moindres intérêts de sa Méditation, qu'elle émane de celui des deux sexes qui a le plus à souffrir des atteintes du temps.

L'homme, en effet, a beau vieillir, ses traits s'altérer, son front se découronner, et tout son être enfin s'affaisser sous le poids de l'âge, il n'en conserve pas moins la mâle énergie de sa raison, doublée même des inappréciables trésors de l'expérience; et dès lors je ne sais quel carac-tère auguste empreint ses traits fiers, quoique flétris, d'une telle grandeur, que l'art lui-même y trouve encore tous les éléments d'une imposante beauté.

Il n'en est point ainsi de la femme. Fleur la dernière épanouie de celles de l'Eden, elle est fraîche, il est vrai, comme elles; mais comme elles, éphémère. Si la beauté est la splendeur et la puissance de séduction de tout son être, quand cette beauté disparaît, il semble que tout soit fini pour elle : car le plus charmant des sourires, hélas! a creusé peu à peu l'affreuse ride, que le souvenir du ravissant passé rend plus affreuse en-core; la tendre couleur s'éteint; la forme enchan-teresse se démolit; et bien fortes sont alors les âmes de femmes qui savent résister à cette lamen-table déchéance, survivre noblement par l'in-telligence et le cœur à leur beau rôle sitôt aboli.

Que si l'on dit parfois avec juste raison d'un homme qu'il est un beau vieillard, qui donc sérieusement oserait dire d'une femme âgée qu'elle est une belle vieille? Tout au plus affirmera-t-on qu'elle a dû être belle jadis. L'homme, avec sa raison refroidie et même assainie par l'âge, se voit d'autant plus écouté et respecté. C'est l'heure de sa supériorité la plus royale, de son prestige le plus vainqueur. La femme, au contraire, avec une raison d'ordinaire moins ferme et dépourvue de plus de toutes ces grâces éloquentes dont plus jeune elle savait l'entourer, ne peut plus captiver ses rares visiteurs : le vide se fait autour d'elle ; et, si le ciel ne lui a pas accordé l'honneur suprême et les suprêmes joies de la maternité, la seule tristesse du regret remplit ses derniers jours d'une inconsolable amertume.

Que cette tristesse, du reste, soit ou non à un égal degré le lot de l'homme et de la femme, nous verrons plus tard en quelle ineffable douceur le Christianisme sait la changer.

1*

Le rapprochement et la comparaison de ces deux œuvres auront donc nécessairement un grand intérêt : la sagesse antique, ou la raison païenne, s'y trouvant représentée par la plus haute maturité de l'intelligence virile ; la sagesse moderne, ou la raison chrétienne, par cet esprit féminin, plus imaginatif que philosophique, auquel on ne semble attribuer, souvent à tort, que la frivolité de la séduction et la répulsion de toute idée grave.

Ces deux philosophies de vieillesse en présence, exposées l'une par le sexe le plus fort, l'autre par le plus faible, nous offriront un spectacle inattendu : tournoi singulier, où les armes seront nécessairement inégales, et où pourtant la victoire ne paraîtra pas un instant douteuse. Tant la doc'rine portera le vainqueur ! tant la simple chrétienne aura puisé dans les trésors de sa foi des lumières, auprès desquelles ne seront que ténèbres les splendeurs de la raison la plus saine, aidée

de l'expérience d'une des plus illustres vies
que l'ancien monde puisse présenter à notre
légitime admiration !

EXPOSÉ DES IDÉES DE CICÉRON

L'œuvre de Cicéron est remarquablement conçue et brillamment exécutée : elle se présente sous cette forme de dialogue, qui a pour incontestable avantage de rompre l'uniformité pesante des discussions philosophiques, de leur donner l'allure à la fois alerte et naturelle d'une conversation distinguée, et de se prêter admirablement à toutes les audaces de l'objection comme à toutes les spontanéités de la réponse. C'est aussi une œuvre d'art achevée, dans laquelle on sent que l'auteur a mis toute l'application que réclame une thèse difficile, et où il fait très-sagement parler les hommes les plus éminents de la belle époque de Rome : Caton, avec l'autorité de l'âge ; Scipion, avec celle de la gloire ; Lélius, avec celle de la raison fortifiée par l'étude.

Ces trois hommes d'Etat, qui représentent à merveille tout l'esprit aristocratique de la Rome républicaine, c'est-à-dire la majesté des traditions qu'illumine le prestige des exploits et qu'a civilisée le doux commerce des lettres, ces trois hommes, dis-je, vont évidemment traiter de la vieillesse au seul point de vue de la grande vie qu'ils ont menée. On ne devrait donc pas trop s'étonner qu'il n'y soit point question de la femme, si le Traité n'avait d'autre part la prétention d'être une étude générale et absolue de la question, une explication, dit notre auteur, « de toute sa pensée sur ce dernier âge de la vie. » Or, dans cette hypothèse, il faut bien chercher une autre raison de cet oubli, ou plutôt de cette singulière prétérition , de l'être qui partage avec l'homme toutes les conditions de l'humaine nature , et qui en a de plus toutes les grâces.

Cette raison se puise évidemment dans le caractère propre de la civilisation païenne , au sein de laquelle la dignité de la femme et ses droits étaient tellement méconnus , qu'à part le charme inévitable et pénétrant dont elle rayonnait dans l'intimité du foyer , elle demeurait, au regard de la science sociale, dans une sorte d'état intermédiaire entre le citoyen et l'esclave , mais plus près , hélas ! de l'esclave que du citoyen !

Je sais bien que certains philosophes de notre temps, qui ont renié leur baptême , osent contester cette éclatante vérité historique, en faisant briller aux yeux des irréfléchis, comme une fantasmagorie d'érudition malsaine, les grandeurs féminines de la Théogonie païenne , la dignité des prêtresses de leurs différents cultes , les grâces quelque peu légères des citoyennes d'Athènes et l'austérité quelque peu guindée des

matrones romaines. Il leur faut bien, en effet,
enlever au Christianisme tous ses droits, jusqu'ici
si bien reconnus, au respect et à la gratitude de
l'Humanité. Ne lui a-t-on pas déjà contesté jusqu'à l'abolition de l'esclavage?

Mais combien sont vains ces arguments, et que
promptement ils s'évanouissent devant l'observation sérieuse et approfondie de la famille et de
la société antiques! Ne les voit-on pas successivement déshonorées par la polygamie, par le
divorce, par le droit de vie et de mort du mari
sur la femme, par l'effacement absolu de celle-ci
dans l'ordre social, c'est-à-dire, en d'autres termes, par toutes les brutalités masculines les plus
odieuses et les plus humiliantes? Qu'importait
la place des femmes dans l'Olympe, si telle
elle était sur la terre? Et, d'autre part, quel
singulier honneur de prêtresse, que la Vestale
fautive devait payer du supplice épouvan-
table de l'enfouissement! Faut-il donc de si
grands efforts d'intelligence pour saisir l'incon-

testable différence de cet état social de la femme avec celui que lui ont fait nos croyances et nos mœurs chrétiennes, c'est-à-dire cette égalité dans la subordination qui l'a faite reine dans la famille; cette puissance d'influence et d'inspiration qui, dans la société, a suscité, au Moyen âge le gracieux héroïsme de la Chevalerie, et au Grand-siècle le splendide épanouissement du génie ; cette piété tendre et généreuse enfin, qui, dans l'ordre spirituel et charitable, nous a valu tant de saintes femmes et de chastes vierges sur nos autels, et dans nos hôtels-Dieu comme dans nos demeures ces merveilles de la charité chrétienne qui se nomment les sœurs de Saint-Vincent-de-Paul, les Petites Sœurs et les Petites Servantes des pauvres ?

C'est que le Christianisme a tout régénéré, tout relevé dans l'Humanité déchue; c'est que pour lui, dès l'origine, il n'y eut ni Romain, ni barbare, ni ingénu, ni esclave, ni homme, ni femme; il n'y eut que des âmes, des âmes

rachetées au même prix, au prix du sang d'un Dieu incarné!... Nous reviendrons, du reste, plus tard sur ce prodigieux changement.

. Mais, au temps où écrivait le grand Romain, les plus puissants et les plus nobles esprits, il est juste de le reconnaître, ne pouvaient pas plus comprendre ces grandeurs de la femme que les femmes y atteindre.

Comment donc alors ces fiers despotes du foyer eussent-ils pu tenir compte, dans une Étude intéressant l'homme, d'un être aussi inférieur à leurs yeux? Merveilleuse différence, qui seule marquerait d'un caractère éblouissant de vérité la doctrine qui l'établit! Ce va être d'une femme, mais d'une femme chrétienne, que nous allons tout à l'heure mettre les pensées sur le même sujet en balance avec les pensées de ces grands païens, les destinées avec leurs destinées ; et l'on peut présumer déjà, quand on est chrétien, de quel côté la balance penchera.

Le point de vue principal de l'auteur romain est le bonheur de l'homme et son bien-être actuels, en dehors de tout aperçu surnaturel proprement dit, et sans grand effort du regard de l'esprit pour pénétrer dans les profondeurs splendides ou sombres des futures destinées.

C'est ainsi de la simple philosophie humaine, très-sensée, très-honnête, mais aspirant plutôt à l'adoucissement des misères de l'existence présente qu'à leur cessation et au couronnement de leurs mérites dans un monde meilleur. Un vague espoir se projette, il est vrai, comme une pâle lueur, sur cet ensemble de considérations très-bien raisonnées ; mais le doute académicien semble toujours s'y glisser ; aucune chaude lumière n'y fait tressaillir l'être de la foi vive, précise et enivrante à une renaissance assurée, à une communion éternelle avec le Principe vivant et personnel d'une vie qui ne doit s'éteindre que pour se ranimer en Lui. En deux mots, on sent bien qu'ici tout est terrestre, que le céleste, que

le divin y occupe du moins peu de place, et
que l'âme, même la plus noble, est trop à l'étroit
dans cet humble milieu pour y déployer pleinement ses ailes et prendre un généreux essor.

Maintenant analysons rapidement ce grave
Entretien. Nous y toucherons du doigt la simplicité saisissante, mais aussi la vulgarité un peu
trop intéressée de la sagesse antique.

Scipion, au début, exprime son admiration
pour la verdeur d'esprit et de corps du vieux
Caton, qui lui rend si léger le poids de la vieillesse, si lourd pour les autres hommes. Caton
s'en étonne et ne comprend pas les murmures
de l'homme à cet endroit. Sa règle à lui est de
« considérer et de suivre la très-bonne Nature »
comme un dieu essentiellement provident, qui
n'a pu négliger cette dernière partie de la vie,
après avoir si bien ordonné les autres. Il a dû,
d'ailleurs, en être de l'homme comme des arbres
et des productions de la terre, qui ont leur flo-
raison, leur fructification et leur caducité. Le

vieux Censeur en est donc pour une douce résignation. Murmurer contre la Nature, selon lui, c'est murmurer contre les dieux.

On pourrait bien lui demander ce qu'il entend par cette « Nature » qu'il doue si gratuitement d'intelligence et de prudence à l'égal d'un être véritable, lui contester aussi son assimilation de l'homme intelligent et libre avec les productions muettes et fatales de la nature matérielle, et surtout lui poser le pourquoi de cette dégradation, de cette destruction successive de l'être, de sa douleur, de ses souffrances, le pourquoi du Mal, en un mot. Mais Caton, aussi bien que Cicéron, serait impuissant à répondre à de telles questions, parce que le fait lugubre de la Chûte, mystère inexplicable mais qui seul explique tout, s'est effacé pour eux dans le lointain obscur des traditions primitives. Leur philosophie est partout obscure et sans suffisante raison d'être.

Lœlius pourtant s'en contente, et ne demande

autre chose à son éminent interlocuteur que de leur apprendre, à Scipion et à lui-même, les moyens de supporter cette vieillesse, à laquelle tous cependant aspirent à parvenir.

Celui-ci commence par faire justice des plaintes de quelques vieillards ses amis, qui vont gémissant sans cesse de ce qu'ils sont privés de tous les plaisirs, et dédaignés de tous ceux qui cultivaient auparavant leur commerce. Il estime que si c'était un effet de la vieillesse, tous les vieillards devraient en souffrir ; ce qui n'est pas, pour son compte à lui et pour beaucoup d'autres. La cause de ces plaintes est donc, dit-il avec un grand sens, dans les *mœurs* et non dans l'*âge* des plaignants. Au vieillard modéré, doux et humain, la vieillesse est, au contraire, très-supportable... Très-supportable! telle est la suprême consolation de sa philosophie !

Lœlius lui objecte que sa résignation, à lui, pourrait bien s'expliquer sans trop de peine par ses biens, son abondance domestique et les hautes dignités par lui conquises dans sa jeunesse et son âge mûr; et que tout cela n'est pas le lot du grand nombre.

L'austère Caton est obligé de convenir que de tels avantages pourraient bien y être pour quelque chose ; mais il prétend que ce n'est pas tout, que les occupations libérales, la pratique des vertus, portent en tout âge des fruits merveilleux, et que surtout « la conscience d'une vie bien « vécue et le souvenir de toutes nos bonnes ac- « tions sont choses très-agréables» pour un véritable homme de bien. Il rappelle même à ce sujet l'active et si utile vieillesse de ce glorieux Fabius Maximus, le vainqueur d'Annibal et le sauveur de Rome, sa sagesse, sa connaisssance de l'antiquité, sa science, sa littérature même, telle qu'elle convient à un Romain (quel trait de mœurs laisse échapper là Cicéron, le lettré par excellence, sur sa fière patrie tout adonnée aux grandes préoccupations de la politique et de la guerre!): le tout contenu et conservé dans une

ferme mémoire; et il termine en faisant observer
« combien il serait sot de dire qu'une telle
« vieillesse soit misérable. »

Sans doute tous ne peuvent être des Maximus,
avoir une telle destinée et jouir de pareils sou-
venirs. Mais « il y a aussi, dit-il, une douce et
« sereine vieillesse, pour ceux dont la vie s'est
« écoulée tranquille, pure et cultivée. » Telle
fut celle de Platon, qui écrivait encore en sa
81ᵉ année; celle d'Isocrate, qui composa son
Panathénaïcus à 94 ans et ne mourut que cinq
ans après; celle d'Ennius enfin, qui supportait
si bien ces deux fardeaux prétendus, qu'on
nomme la pauvreté et la vieillesse, qu'il semblait
presque y prendre plaisir.

Ces préliminaires posés, Caton, c'est-à-dire
Cicéron qui parle par sa bouche, réduit « à qua-
« tre les raisons qui font considérer la vieillesse
« comme misérable. La première, parce qu'elle
« éloigne de la pratique des affaires ; la seconde,

« parce qu'elle rend infirme de corps; la troi-
« sième, parce qu'elle prive de presque tous les
« plaisirs; la quatrième, parce qu'enfin elle
« diffère peu de la mort. »

Ces quatre raisons n'ont trait évidemment qu'à
la destinée présente. Nous allons voir si et comment le philosophe païen y répondra par la destinée future.

Première raison. — Dans ce grief, mis ainsi en
premier ordre, on reconnaît bien l'homme d'Etat
pour qui la vie publique est la seule qui soit
digne d'attachement et de regret, parce que
seule elle satisfait pleinement ces aspirations
d'ambition et de gloire, qui, dans l'ordre purement humain, sont la plus enivrante volupté
des âmes fières.

Sur ce point, il a, du reste, comme on dit
vulgairement, beau jeu. Il lui est facile, en effet,
de prouver que, s'il est des affaires qui re-
quièrent les forces physiques de la jeunesse, on

ne saurait considérer comme « de nulle impor-
« tance celles qui sont traitées par de fermes
« esprits habitant des corps débiles. » Il fait dé-
filer à ce sujet sous nos yeux, comme un vrai
bataillon de Plutarque, tous ces grands vieillards,
ces patriciens illustres dont les virils conseils et
la haute expérience ont été comme le génie di-
recteur continu de la vieille Rome ; et il com-
plète sa preuve en alléguant le nom même de ce
Sénat, qui, tout en glorifiant l'activité *sénile*,
fut en même temps la gloire de la ville dont il
était le suprême conseil gouvernemental.

Autre, en effet, est l'activité de la jeunesse,
autre celle de la vieillesse. Le vieux pilote « tran-
« quillement assis à la poupe du navire, » fait-il
une moindre besogne que les jeunes matelots
« qui grimpent aux mâts, courent sur le pont
« ou étanchent la sentine ? »

Enfin, sans parler des services publics, il affirme, avec une palpable raison qu'en tout ordre
d'activité, « les facultés persévèrent chez les

• vieillards pourvu qu'ils persévèrent eux-mêmes
« dans leurs études et leur activité. » Il cite, à cet
égard, dans l'ordre intellectuel, des poëtes et
des philosophes, et, dans l'ordre des travaux
manuels, tous ces vieux agriculteurs semant
« des arbres qui ne seront utiles qu'au temps où
« eux-mêmes ne seront plus, » et qui répondent à
ceux qui les en interrogent : — Je sème « pour les
« dieux immortels, qui n'ont pas seulement voulu
« que je reçusse tous ces biens de mes aïeux,
« mais que je les transmisse en même temps à
« nos descendants. »

Il ne se peut donc que l'on n'attache aucune at-
tention à Cœcilius qui, après avoir loué ce dé-
sintéressement du vieillard dans son travail, le
plaint amèrement « de se sentir déplaisant et
» odieux aux autres. » Car toujours « les
« vieillards sages se plaisent en la compagnie des
« jeunes gens bien nés, entourés qu'il sont de
« leurs soins et de leurs prévenances ; de même
« que les jeunes gens se plaisent aux leçons des

« vieillards, qui les mettent par là sur la voie
« des vertus. »

Sur la deuxième raison, c'est-à-dire sur l'affaiblissement et les infirmités croissantes du
corps, notre philosophe estime que ce « qui a
« été ordonné en l'homme par la Nature, il le
« faut accepter ou subir ; » que, du reste, ces
misères corporelles ne sont point le lot exclusif
de la vieillesse ; « car c'est d'ordinaire une jeu-
« nesse intempérante et débauchée qui transmet
« un corps épuisé à la vieillesse ;.... qu'un rai-
« sonnable exercice et une exacte tempérance
« peuvent, même dans la vieillesse, nous con-
« server quelque chose de notre ancienne
« verdeur ;.... qu'il faut, du reste, com-
« penser ses faiblesses par une activité soutenue,
« et lutter contre la vieillesse comme contre
« la maladie. »

Selon lui, le vieillard doit se tenir en haleine
par des exercices modérés, un sage régime et

un travail habituel de l'intelligence. Car « si les
« corps par un excès d'exercice et de fatigue
« s'alanguissent et s'abattent, les esprits, au
« contraire, se développent par le travail....
« Celui qui agira ainsi pourra bien être vieux
« de corps, mais d'esprit jamais. »

En deux mots, supporter et se résigner, telle
est, sur ce second point, contre les misères corporelles de la vieillesse la seule ressource de la
philosophie de notre auteur.

Sur le troisième, c'est-à-dire sur la privation
que la vieillesse impose de toutes les voluptés,
Cicéron se prend d'un noble zèle contre ce re-
doutable penchant de notre nature ; il rappelle
avec toute raison que c'est de cette source em-
pestée que découlent tous les vices et tous les
crimes : débauches, désordre dans les familles,
troubles dans l'Etat, etc., etc. « Que si la Nature,
« dit-il, ou quelque Dieu n'a rien jugé de plus
« précieux à donner à l'homme que sa substance

« spirituelle, est-il rien de plus hostile à ce don
« divin que la volupté ? »

On est surpris, à coup sûr, de ce qu'un esprit
aussi net, aussi précis se laisse aller à exprimer
d'une façon aussi dubitative l'idée de la Cause
première, du Créateur de l'homme. On se demande encore ce que signifie ce mot *Nature* par
opposition à ce *quelque Dieu* ; et l'on déplore
cette douloureuse incertitude comme la misère
intime et profonde des meilleurs esprits du
monde païen. Il se mêle même un sorte de panthéisme involontaire dans les idées de Cicéron
sur ce point, ici et dans ses autres ouvrages,
notamment dans son *De naturâ deorum.*

Mais si sa philosophie ontologique laisse si
fort à désirer pour la précision dogmatique, ne
faudra-t-il pas reconnaître toute l'excellence de
sa philosophie morale ? L'âme y domine l'esprit ;
et, noblement inconséquente, le dirige si bien,
qu'il serait difficile, en vérité, avec la vraie doctrine elle-même, de mieux flétrir les excès du

vice honteux et de caractériser ses effets lamentables : « La volupté, dit-il, essentiellement
« ennemie de la raison, entrave tout bon conseil,
« éteint, si je puis ainsi dire, les regards de
« l'âme, et n'a aucun commerce avec la vertu. »
Il est vrai que sa critique n'a en vue que l'uti-
lité actuelle physique et morale de l'homme, et
qu'elle se résume pour lui en une sorte d'épicu-
réisme honnête, qui fait même ses réserves, et
n'a rien de commun avec cette sainte et suprême
béatitude de l'âme, si adorablement formulée
par le Christ : *Bienheureux ceux qui ont le
cœur pur, parce qu'ils verront Dieu! (1)*

L'honnête païen, en effet, restant sur la
simple défensive, cherche à établir que « ne pas
« désirer est plus agréable que jouir ; » il met de
plus en relief ces plaisirs de l'esprit et ces douces
joies de la vie des champs, qui sont le charme

(1) Beati mundo corde, quoniam ipsi Deum videbunt.
S. Math, V. 8.

des derniers jours, et ces honneurs, et cette autorité morale, qui sont le plus grand lustre d'une
belle vie. « Car, dit-il, le souverain honneur de
« la vieillesse, c'est l'autorité. » Et cette autorité à ses yeux est telle « qu'auprès de cet avan-
« tage les voluptés de la jeunesse ne sont rien.
« Mais en tout ce discours, continue-t-il, n'ou-
« bliez pas que je ne loue que la vieillesse qui
« s'est établie sur les solides fondements d'une
« honnête jeunesse; » parce que, selon lui,
• ce ne sont pas les cheveux blancs, ni les rides
« qui peuvent en survenant souvent tout à coup,
« nous apporter cette autorité si flatteuse; mais
« c'est une vie honorablement remplie qui en re-
« cueille les fruits savoureux. Et cette autorité
« se compose de toutes ces choses qui semblent
« de peu d'importance et communes, et qui sont
« pourtant honorables : être salué, recherché,
« se voir céder le pas, tous se lever à votre ap-
« proche, être conduit, ramené, consulté, toutes
« choses qui, chez nous et chez toutes les nations,

« s'observent dans l'exacte mesure du progrès sur
« la voie des bonnes mœurs....., Que sont donc
« les voluptés du corps, si on les compare à ce
« tribut continu d'hommages, rendus à l'auto-
« rité morale du vieillard ? »

Il est permis, croyons-nous, de douter de
ces compensations pour des âmes placées en
dehors de cette « paix de Dieu, qui, au dire du
« grand Apôtre, surpasse tout sentiment (1). »

Cicéron répond ensuite au repproche de
morosité et d'avarice d'ordinaire adressé à
ce dernier âge de la vie, en faisant observer
« que ces vices sont ceux des mœurs du vieil-
« lard, non de la vieillesse, » que tout vin
n'aigrit pas par le temps, ni tout âge par la
vieillesse ; que souvent, d'ailleurs, le premier
de ces défauts est justifié par les dédains
d'une jeunesse irrespectueuse, mais que, quant
au second, il ne le peut comprendre ; il le

____

(1) *Ad Philippens*, IV, 7.

flétrit même par un jeu de mots aussi juste que
spirituel : « Se peut-il, en effet, dit-il, ima-
« giner quelque chose de plus absurde que,
« moins il reste du *voyage* à faire, plus on se
« réserve de *viatique* ? »

Enfin la *quatrième raison* qui, selon Cicéron,
fait considérer la vieillesse comme misérable,
c'est qu'elle est comme le préambule de la mort
et qu'elle en diffère peu.

Cette raison serre de plus près la question de
la destinée. Assurément la mort répugne à notre
nature, puisqu'elle n'est que la conséquence et
la punition de cette Chûte originelle, qui a trou-
blé les rapports primitifs de l'être avec l'Auteur
de la vie. Mais pourtant tout dépend de l'inconnu qui peut suivre. C'est pourquoi notre
philosophe, la regardant de haut, s'écrie : « O
« malheureux vieillard, qui ne comprend pas,
« qu'après une si longue vie, la mort doit être
« l'objet d'un fier mépris, et qu'il la faut ou ab-

« solument dédaigner, si elle éteint jusqu'à notre
« âme, ou ardemment désirer, si elle n'est qu'un
« passage, la conduisant à une vie future et
« éternelle! Et il ne se peut certes faire une troi-
« sième hypothèse. »

Evidemment, l'alternative est rigoureuse. La
mort doit être, en effet, l'objet d'un fier mépris,
si tout finit inévitablement avec elle ; car elle
supprime habituellement plus de misères pour
le vieillard qu'elle ne lui enlève de jouissances.
Elle doit être l'objet d'un ardent désir, si elle
n'est qu'une transition à de plus hautes destinées ; car plus la fin est belle, moins doit-on
répugner au moyen d'y atteindre.

Suivent de graves raisons, mêlées de subtils
paradoxes, pour établir que le dernier âge n'est
pas dans de pires conditions en face de la mort.
« Car, dit-il, tous les âges sont près de la mort ;
« et le vieillard est dans une condition même
« meilleure, puisqu'il a déjà recueilli ce que le
« jeune espère. Et puis, qu'est-ce que le long

« temps dans une vie d'homme ? Rien ne paraît
« long de ce qui a un terme.... De toute votre
« vie, il ne reste que votre vertu et vos bonnes
« actions. »

Cela est très-bien ; c'est presque chrétien. Mais
qu'en sera-t-il de cette vertu et de ces mérites, et de la justice ou des faveurs qu'ils ap-
pellent, quand il ajoute : « Le temps passé ne
« revient jamais, et ce qui s'ensuit on ne le peut
« savoir? » On sera dès lors bien avancé *d'avoir
déjà recueilli ce que le jeune espère.*

Le doute perce donc toujours. Si notre auteur
affirme, en effet, avec Ennius, qu' « on ne doit
« pas pleurer une mort que doit suivre l'immor-
« talité, » d'autre part, il dira qu' « après la
« mort le sentiment de l'être est très-désirable
« ou nul. »

Il est vrai, néanmoins, que, s'appuyant sur
les plus fermes raisons métaphysiques, il conclut
l'immortalité de l'âme de sa simplicité et de
toutes ses tendances à l'avenir, à la postérité, à

la gloire : toutes tendances qui n'existeraient certes pas si tout s'arrêtait à la mort, si nous ne devions être pour rien dans cette gloire, dans cette postérité, dans cet avenir.

« Quant à moi, dit-il à ses nobles interlo-
« cuteurs avec une générosité d'âme qui dé-
« daigne et les vains systèmes et les lâches dé-
« faillances, un ardent désir me soulève vers
« cette région pure, où j'espère revoir vos pères
« que j'ai connus et aimés. »

Mais voici bien en même temps la vertu antique avec sa fierté patricienne et ses insolents dédains pour la plèbe des âmes : « O le beau jour, pour-
« suit-il donc, où je partirai pour aller me
« réunir à cette noble assemblée, à ce rendez-
« vous des grandes âmes, et que je quitterai
« cette cohue immonde de la foule vulgaire ! »

Se retrouver dans un monde meilleur avec ceux qu'on a aimés et admirés, avec l'élite du cœur et de l'esprit ; en d'autres termes, reprendre sa vie dans toutes ses conditions humaines et terrestres, aux misères, à la promiscuité actuelle et à la mort près : tel est l'idéal assez restreint en face duquel notre philosophe s'arrête et se complait ; telle est l'espérance qui lui fait non seulement conclure « que la vieillesse lui est lé- « gère » mais que « loin de lui être incommode, « elle lui est même agréable. »

« Que si j'erre, dit-il encore, (car le doute « ne l'abandonne jamais pleinement), en pensant « que les âmes des hommes sont immortelles, « c'est bien volontiers que je suis dans cette « erreur, et tant que je vivrai je ne veux point « arracher de mon esprit ce qui le délecte. Si, « une fois mort, comme le pensent certains « minces philosophes, je ne sens plus rien, je « n'ai pas à craindre que ces philosophes, morts « comme moi, me raillent de mon erreur.

« Quoi qu'il en soit, dit-il en terminant, la vieil- « lesse est le complément de la vie, comme le der- « nier acte est celui de la pièce. Puissions-nous « en éviter les lassitudes et surtout les satiétés ! »

Et c'est là tout, tout ce que ce rare esprit, tout ce que cette âme si généreuse a pu dire de plus sérieux et de plus consolant sur notre destinée présente et future !.... Et de l'union sublime de l'âme avec le Dieu qui l'a créée et prédestinée à cette gloire, et de la contemplation enivrante de sa divine beauté, et du saint et ineffable amour de ce Dieu bon, de ce père suprême, qui est le principe et la fin de cet éternel bonheur : de tout cela rien, absolument rien ! La notion de Dieu de notre philosophe, semble cantonnée dans l'entendement, sans jamais passer par le cœur, sans se transformer en une relation intime et ravissante entre la créature et son Créateur, entre l'âme et son Dieu. Pas la moindre élévation pieuse de cette grande âme, pas le moindre *Sursum corda* de ce noble cœur !

Ne semblerait-il pas, en vérité, comme le devait dire plus tard Aulus Persius, ce mystique égaré dans l'époque païenne, que toutes ces âmes pourtant si belles étaient courbées vers la terre et vides des choses célestes : *O curvæ in terras animæ et cælestium inanes?* Que si, dépassant les limites du tombeau, elles s'élançaient dans l'inconnu du grand avenir, elles n'y apercevaient encore que leurs sœurs les illustres et les bien-aimées, au mépris des autres, des humbles, quels qu'eussent été leurs vertus et leurs mérites cachés ; et, quant au Dieu personnel et vivant, il semble tellement en dehors de leurs espérances et de leur amour, que son nom même se confond assez ordinairement, comme nous venons de le voir, avec cette commode expression de *Nature*, qui, nommant à la fois la cause et l'effet, affirmait ou dissimulait à volonté le panthéisme ou l'athéisme, ces deux erreurs radicales sur la notion même de Dieu.

En vérité, l'Humanité était bien déchue, quand en elle se nivelaient ainsi de tels sommets.

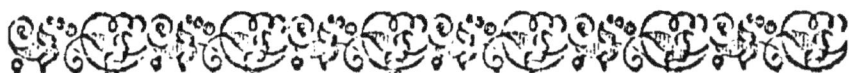

EXPOSÉ DES IDÉES DE MADAME SWETCHINE

Il est temps de quitter cet horizon raccourci et ce ciel surbaissé pour entrer dans un monde de plus larges perspectives, d'atmosphère plus haute.

Voyez comment débute la femme chrétienne, femme d'intelligence et de foi.

Ce n'est plus le terre-à-terre de l'existence présente, le bien-être et le bonheur terrestres, tournés et retournés dans tous les sens pour leur trouver un rapport avec le triste soir de la vie.

Non; du premier coup d'œil son regard a une toute autre portée. C'est l'existence humaine dans toute son ampleur, dans tout l'indéfini de sa destinée, telle que la manifestent ou la font pressentir et nos pensées, et nos paroles, et nos sentiments : « Je voudrais, dit-elle, ici étudier la « vieillesse dans ses rapports avec Dieu et l'autre « vie; montrer que la vieillesse est pleine de « grandeur et de consolation ; que son activité, « concentrée en un foyer, en est plus intense; que « la dignité, la beauté d'une situation, dont « l'âme fait toute la vie, élèvent au-dessus de « tout cette situation même ; et qu'enfin, comme « on l'a dit du prêtre, si le vieillard est le plus « malheureux des hommes, il est le plus heureux « des chrétiens, le plus averti et, s'il le veut, le « plus consolé. »

Quel programme!... Quelle fermeté de pensées et de vues! Quelle énergie de cœur dans les tendances !... On sent vraiment, dans cette façon d'envisager une si étrange chose, une sorte d'as-

sistance supérieure, qui laisse bien en arrière et
les conceptions les plus raisonnables et les con-
voitises les plus légitimes de la nature humaine
abandonnée à ses propres forces.

Ce n'est point, du reste, que ce noble et bril-
lant esprit s'abandonne à cette morosité sénile
qui méconnaît les charmes, les séductions des
autres âges de la vie, en en constatant les désa-
vantages. C'est, au contraire, avec une finesse
d'observation, égale à la hauteur de ses juge-
ments, qu'elle nous analyse leurs beautés apparentes, leurs apparentes supériorités :

« L'enfance, selon Mme Swetchine, a le temps
« pour elle; mais elle ignore les germes pré-
« cieux qu'il recèle, les biens qu'il peut faire
« atteindre. »

C'est, ainsi, à ses yeux un bonheur sans conscience, une activité sans but, des joies vives,
mais des peines aussi vives que les joies. En deux
mots : « C'est de l'insouciance, de la légèreté, et
« ce n'est jamais du bonheur. »

« Le vieillard au contraire, dit-elle avec une
« incomparable grandeur de pensées et de style,
« est le pontife du passé, ce qui ne l'empêche pas
« d'être le voyant de l'avenir... Le prêtre, selon
« elle, représente le sacerdoce de l'éternité ; le
« vieillard celui du temps. »

Par le silence et l'inertie des sens, il devient
l'homme intérieur, percevant d'autant mieux les
choses de l'âme qu'il entend moins, que moins il
voit les choses de la terre. « Car, ajoute-t-elle
avec une spirituelle pénétration, l'expérience
« est une seconde vue, montrant dans ce qu'on
« a vu tout ce qu'on verra. »

« La jeunesse, continue-t-elle, en citant une
vieille chanson bretonne, est la plus belle fleur
« qui soit au monde ; mais, ajoute-t-elle avec un
« grand bonheur d'expression, la vieillesse est le
« plus savoureux des fruits. » Et elle prouve
l'excellence de ce fruit dernier de la vie par cette
observation charmante : « Il y a plus de sucre
« dans le fruit mûr que dans le fruit vert. »

Mais, hâtons-nous de le dire, ce n'est point aux lueurs de la raison seule, c'est surtout aux clartés de la foi qu'elle comtemple le beau côté de la vieillesse. Ecoutez cette éclatante poésie :

« Ainsi que la croix du Calvaire, le vieillard est suspendu entre la terre et le ciel; il tient à « l'une par ses devoirs; à l'autre par ses espé- « rances. Il croit, parce qu'il a éprouvé toute « chose, et que la vérité de l'Evangile est seule « restée au fond du creuset. »

Puis, poursuivant cette assimilation, elle ajoute : « La vieillesse, c'est la vie arrivée à son « samedi-saint, veille de la résurrection glorieuse, « lendemain de tous les déchirements de la terre, « de tous les supplices de la croix. » Ceci est tout simplement sublime.

Sans doute « la vieillesse est un des tristes, « des lamentables effets de la Chûte; mais elle « est loin de n'exprimer que le châtiment. En « elle se montre à côté des infirmités et des pri- « vations, moins d'occasions de lutte, des conso-

2*

« lations puissantes et intimes, des douceurs
« infinies et secrètes, mille révélations de l'Époux
« de nos âmes, qui ont rendu à plus d'un
« vieillard la fin de sa vie bien autrement douce
« que ses commencements. »

Quelle différence dans la manière d'envisager
les choses et dans le choix du point de vue entre
nos deux auteurs !

C'est que le premier ne se préoccupe presque
que d'une vie qui finit, tandis que la seconde ne
semble songer qu'à une autre vie qui va com-
mencer. Aussi, d'une part, quelle étroitesse
d'aperçus! de l'autre, quelle élévation et quelle
profondeur !

Des hauteurs où s'est placée la femme chrétienne, il faut voir comme elle dédaigne les quatre grandes objections contre lesquelles s'est
heurté le philosophe païen. Inaptitude aux affaires, affaiblissement physique, privation des plus
vives jouissances de la vie, proximité et en quel-

que sorte commencement de la mort, elle
admet tout. Que dis-je? elle aggrave tout, en un
langage, s'il est possible, encore plus cruel que
le mal : « Humainement parlant, dit-elle, la
« vieillesse est un malheur... une honte... une
« infériorité... une dégradation successive... Le
« temps est son ennemi direct... les entraves la
« circonviennent de toutes parts; la dépendance
« et une dure servitude pèsent sur ses organes
« affaiblis. » Selon elle, ce n'est même pas de
l'horreur que cause la vieillesse, c'est du mépris.
On ne lui sait gré de rien, pas même de ses
vertus : car on les traduit en nécessités, qui ne
laissent pas plus de place au mérite qu'à l'espoir.

Et « ce qui est vrai pour les vieux, dit-elle avec
la plus aimable abnégation personnelle, l'est
« bien davantage encore pour les vieilles. »

A la différence de Cicéron, elle parle, en effet,
elle, de la femme, de cette noble compagne de
l'homme, de cet être séduisant et bien-aimé, que
la vieillesse atteint bien plus cruellement encore

que son compagnon de misères et de douleurs.
Aussi bien que le philosophe païen, la philosophe
chrétienne comprend ses abaissements, sa déchéance originelle; mais elle a de plus le secret
de son relèvement par le divin Rédempteur et
des ineffables grandeurs morales qui compensent
pour elle, au dernier âge, la perte de sa jeune et
trop fragile beauté.

Ainsi donc « la vieille femme selon le monde,
dit-elle, est quelque chose qui n'a pas même,
« comme les vieillards, comme les anciens, un
« nom dans le style élevé; elle est tellement au
« rebut que jusqu'à ceux qui prétendent l'hono-
« rer doivent éviter de la nommer et recourir à
« une périphrase.... La pauvre vieille femme
« (et sa tâche commence tôt) est un être qui n'a
« vraiment aucune place au soleil. Au foyer do-
« mestique son droit est précaire et contesté;
« hors de la vie réelle, elle n'est pas mieux par-
« tagée. » Idole de l'art, ajouterons-nous nous-
même, dans sa resplendissante jeunesse, elle

n'est plus alors pour lui qu'un embarrassant et
hideux repoussoir.

Voilà ce qu'est aux yeux de Mme Swetchine la
vieillesse pour l'homme et pour la femme dans
l'ordre de la nature.

Mais « la religion, dit-elle aussitôt, fait diamé-
« tralement l'opposé de la nature, et par ses di-
« vins contre-poids établit mieux que l'équilibre
« entre les saisons de la vie. Ainsi, à la fraîcheur,
« à la grâce, à l'éclat des qualités naturelles, elle
« substitue la solidité, l'élévation, le mérite des
« vertus... Ce que l'Antiquité avait trouvé de
« mieux, c'était de l'amuser de respect (quelle fine
« réponse à l'argumentation de Cicéron sur ce
« point!) Le Christianisme a plus fait pour la
« vieillesse que pour aucune saison de la vie,
« parce qu'il apprend à affronter sans répugnance
« une mort sans gloire. »

A ses yeux, les misères même de la vieillesse
lui sont des motifs d'espérance. « Dieu aurait-il
« donc laissé, dit-elle, sans consolation précisé-

« ment la dernière partie du voyage qui nous
« mène chez lui? Dieu prolonge notre vie et l'a-
« breuve d'amertume. Quel motif de confiance! »

Étrange exclamation! Et pourtant entendez-
en la raison admirable : « On n'épure que ce qui
« doit servir; on ne bat que le fer qu'on doit
« utiliser; on ne ravive que la plaie que l'on
« veut guérir. » Et encore : « La vieillesse serait
« humiliante si, avec le déchet du corps, l'âme
« ne gagnait pas en dignité; mais, comme les
« princes qui s'élèvent en rang à mesure qu'ils
« approchent du trône, le vieillard gravit les
« marches de l'éternité par une promotion suc-
« cessive. »

Superbe philosophie en vérité, où le pittores-
que de l'image le dispute à la sublimité et à la
rigueur du raisonnement!

Aussi, notre auteur s'écrie-t-elle plus loin : « Que
« c'est beau, que c'est grand de vieillir sous l'œil
« de Dieu! on ne craint tant la vieillesse que
« parce qu'on la sépare de Lui. »

Et n'allons pas croire que cet âge lui paraisse tel parce qu'il semble prêter au repos. Le repos est encore de tous les rêves celui qui la séduirait le moins.« La paix, opine-t-elle avec sévérité; mais « le repos, non. » N'est-ce donc point assez, comme disait Arnaud, de l'Eternité pour cela ?

Mais, si l'on considère la vieillesse au point de vue de la liberté humaine et en regard de la loi morale, elle a bien un autre prix, puisque toute liberté entraîne de nécessité morale, une responsabilité vis-à-vis de cette loi, et que toute loi suppose un législateur qui rétablit l'ordre violé, en rétribuant chacun selon ses œuvres.

Or, dans cette voie de réparation, d'expiation et de mérite, rigoureusement voulue par la justice autant que par la bonté divine, et que seule illumine la foi au grand Rédempteur, la vieillesse acquiert une valeur de réhabilitation inestimable.

« Oui, dit notre pieux auteur avec un sens « mystique des plus exquis, sauf quelques rares

« exceptions en faveur d'un petit nombre de
« prédestinés, la vieillesse est une grâce ; car qui
« peut se croire le droit de dire avec Tobie : *Il*
« *m'est plus avantageux de mourir que de vivre*
« *longtemps ?* » Chaque jour accordé au vieillard
« est non pas un sursis, délai stérile quand il
« n'est pas plein d'angoisses, mais un temps utile
« pendant lequel il peut modifier, amender les
« torts du passé, diminuer sa dette, se libérer
« peut-être, fléchir, attendrir son juge, convertir
« l'arrêt en acquittement.... »

« Cette halte à la fin de la course, dit-elle
« encore en employant très-heureusement la com-
« paraison habituelle de la vie à un voyage, per-
« met au voyageur d'essuyer la sueur qui couvre
« son front, de secouer la poussière qui le souille,
« avant d'entrer dans la salle du festin du Père
« de famille. »

Aussi, quelle virilité dans cette âme de femme,
posant cette fière règle : « Il est bon que la
« vieillesse souffre, c'est même le cas ou jamais ;

« mais il ne faut pas qu'elle pleure : les larmes
« ne soulagent que la jeunesse ; quand elles cou-
« lent sur les rides de l'âge, la sympathie n'est
« plus là pour les essuyer, ni l'affection ardente
« pour sécher ces dernières rosées de l'automne. »

La vieillesse est ainsi pour elle l'école de toutes
les vertus réhabilitantes, et comme la réaction
fière et finale de l'âme contre l'égoïsme ou la
superbe de la vie ; et il est beau de lui voir
prendre dans cet ordre d'idées la plus humble
place.

Oui, à ses yeux, la femme, descendue de ce
trône où pendant la fraîche jeunesse avait siégé
sa triomphante beauté, la femme va reprendre
son influence, son prestige, son charme indéfi-
nissable par la toute-puissance de l'abnégation.
« Sa bonté sera un baume universel; sa pru-
« dence discrète, une sûreté...; sa générosité, la
« richesse de ce qui l'entoure. »

Et sur ce sujet si palpitant pour elle, puisqu'il
est sa vive peinture, elle terminé par cette douce

ironie : « Enfin, quelqu'un qui n'exige rien et
« qui donne tout, qui ne compte pas plus que
« s'il était absent et dont on dispose comme s'il
« était toujours présent, quelqu'un qu'on est
« libre de ne point chercher et qu'on est sûr de
« retrouver toujours, ce quelqu'un-là est après
« tout un assez bon meuble. »

Mais les grandes, les graves pensées la dominent.
Elle ne perd point de vue, elle regarde en face
ce qui fait l'effroi de notre grand païen ; et, avec
cette fermeté d'âme et cette sérénité de conscience
qui ne l'abandonnent jamais, elle osera dire à
tous : « La vieillesse est le noviciat de la mort,
« mais de cette mort pleine de vie promise au
« chrétien. Le noviciat (admirons cette belle
« pensée!) participe de l'état qui doit suivre, et
« la mort, qui est le voile de l'immortalité de ce
« côté-ci du solennel détroit, se colore des feux
« qui doivent suivre. »

Assurément, si la mort n'est que le voile de
l'immortalité, les ténèbres du tombeau importe-

ront peu à notre auteur; et elle pourra dire
avec une suprême assurance : « Je suis bien plus
« frappée des rayons qui s'en échappent. La vieil-
« lesse pour les recevoir est sur le premier plan.
« La mort est la justification de toutes les voies
« du chrétien, la dernière raison de tous les sa-
« crifices, cette touche du grand maître qui finit
« le tableau. »

C'est aussi là une maîtresse touche de l'éminent
écrivain.

Nous voici entrés, à sa suite et, si je puis ainsi
dire, de plein saut, dans ce monde de l'absolu,
de l'éternel, c'est-à-dire de la vérité, de la justice
et de l'amour essentiel, où tout se répare, se
redresse et se glorifie en Dieu. Aussi notre auteur peut-elle dire : « La vieillesse est le dôme
« majestueux et imposant de la vie humaine;
« Dieu en a fait le sanctuaire de toutes les sa-
« gesses, de toutes les justices, le tabernacle des
« plus pures vérités. » En elle se résume toute

la destinée humaine d'ici-bas : « L'expérience a
« tout appris au vieillard; ses efforts sur lui-
« même ont tout réduit à cet état simple, à cette
« unité parfaite où toute conviction a son
« épreuve et sa contre-épreuve, le trésor des
« traditions et celui des connaissances acquises,
« tout l'ancien et successivement tout le nou-
« veau, la vérité pratique et la vérité éternelle,
« la relative et l'absolue, ce qui aide à se con-
« duire dans ce monde et ce qui conduit dans
« l'autre. »

Si donc pour nous servir d'une expressive
comparaison de notre auteur, la vieillesse est la
nuit de la vie comme la nuit est la vieillesse de
la journée, l'une comme l'autre est pleine de
magnificences. Et « c'est en Dieu qu'il faut con-
« templer l'une, comme c'est dans le ciel qu'il
« faut étudier l'autre. »

La suite de cette assimilation est pleine d'aperçus ravissants : la vieillesse, c'est le calme et le
recueillement, comme la nuit est la paix et le

repos des agitations du jour. Pour l'une et l'autre, c'est l'attente certaine du lendemain. Et
« qu'est-ce qu'attendre, quand c'est Dieu qu'on
« attend sur la foi de sa parole, si ce n'est en
« même temps goûter le charme du mystère et le
« grand jour de la certitude, si ce n'est apercevoir, à travers un crépuscule doré, l'éclat de
« la lumière incréée, si ce n'est les délices d'apprendre et en même temps de savoir, si ce
« n'est bondir de joie à chaque pas qu'on fait,
« se recueillir pour jouir, se parer pour plaire,
« (comme la femme se retrouve et perce toujours
« agréablement sous l'austère écorce de la chrétienne philosophe!) appeler en se sentant
« répondre? »

Mais, bien que cette ferme intelligence se
plaise à procéder plutôt par la voix intuitive de
la foi, ce serait une grave erreur de croire qu'elle
n'ait pas fait, comme nous l'avons dit en commençant, une large part à sa raison dans les
conclusions de sa belle croyance.

« Vers la fin de la carrière, dit-elle avec une remarquable pénétration, bien des idées, beau-
« coup de sages paroles, qui n'avaient été qu'un
« son, viennent prendre une âme et renferment
« une vie jusque-là inconnue. »

La vieillesse, selon elle, peut bien être la déchéance du corps ; « mais, à mesure que ses
« chaînes se rivent et s'appesantissent, que les
« appuis s'affaissent, que les liens se dénouent
« silencieusement, que de libertés éclosent et
« essaient leurs ailes ! Que d'aspirations qui ne
« rencontrent rien qui les gêne ! Quel sentiment
« de délivrance, quelle liberté de mouvement à
« travers l'espace agrandi ! »

Peut-on expliquer plus poétiquement et plus
démonstrativement les destinées futures de
l'homme, se dégageant avec entrain de la chry-
salide de son dernier âge terrestre ? Ces aspirations incomprimées, ces belles libertés finales
qui *éclosent* et *essaient leurs ailes*, n'est-ce pas
comme la continuation nécessaire de l'être et

l'infaillible affirmation de son avenir ? Si tout était borné, en effet, par la mort, l'homme projetterait-il au-delà ses espérances ? Le païen a pu bien dire avec l'épicurien de Tibur :...
« Resserre en un court espace tes longues espé-
« rances » (1); il n'en est pas ainsi pour l'homme rendu à toute l'ampleur de sa nature : ses aspirations vont alors à l'infini comme ses pensées à l'absolu; toutes ses tendances ont des ailes, comme dit notre aimable auteur ; et ces ailes s'essaient sous un ciel, dont le soleil n'a point de couchant parce qu'il n'a point eu d'aurore.

Citons encore, citons toujours :

« On dit le déclin de l'âge ; mais, fait-elle remar-
« quer avec une philosophie transcendante, si no-
« tre vrai centre est le ciel, le déclin de l'être
« double est en même temps une ascendance.
« Le corps et l'âme sont en contradiction presque
« continuelle. Tandis que la nature défaille,

(1) ...Spatio brevi spem longam reseces. L. I, od. XI.

« ce n'est pas la destruction qui se hâte seule,
« mais aussi la liberté, la gloire, la perfection d'une
« âme toujours plus radieuse, à mesure que le
« principe supérieur absorbe tout ce qui ne l'est
« pas. Pendant que le corps décrépit s'affaisse,
« l'âme se retrempe ; les deux mouvements s'ac-
« célérant en même temps, le corps retourne
« en poussière, et l'âme vers le Ciel : la mort
« pour l'un et l'immortelle jeunesse pour l'autre.
« David était vieux quand il invoquait le Dieu
« de sa jeunesse ; et ce n'était pas le Dieu de
« son passé, pas plus que celui de Jacob n'est le
« Dieu des morts. »

Quel style ! Quelles images ! Quelles saisis-
santes antithèses ! Le *déclin* est plutôt une *as-*
cendance ! L'antagonisme précède une victoire
au lieu d'accomplir un anéantissement ! Tout va
à son terme : le corps à sa dissolution, l'âme à
l'éternelle vie !

On comprend qu'une âme pleine de toutes
ces espérances d'immortalité termine son in-

comparable Méditation sur la vieillesse par cette douce et confiante effusion aux pieds du Maître de la vie :

« Je me recueille, ô mon Dieu, à la fin de ma « vie, comme à la fin d'une journée, pour vous « apporter les pensées de ma foi et de mon « amour. Les dernières pensées d'un cœur qui « vous aime ressemblent aux derniers rayons, « plus intenses et plus colorés avant de dispa- « raître. Vous avez voulu, ô mon Dieu, que la « vie fût belle jusqu'au bout. Faites-moi croître, « reverdir, monter comme la plante, qui dresse « encore une fois sa tête vers vous avant de » donner sa graine et mourir ! »

NOTRE CONCLUSION

Lecteurs, que vous en semble ? Dans ce beau duel littéraire, dont nous avons décrit ou plutôt reproduit les passes les plus remarquables, à qui va revenir, à vos yeux, la supériorité ?

Sera-ce à l'esprit supérieur qui, s'efforçant de réfuter les graves objections qu'oppose à la vieillesse l'homme de la vie présente, n'a, pourtant, que d'incomplètes aspirations à une vie future, dont la communion avec l'Etre infiniment bon est loin d'être l'objet suprême ?

Sera-ce, au contraire, à cette âme lumineuse qui, reconnaissant les incontestables misères présentes de la vieillesse, les déclare inexplicables sans le complément d'une existence future, dont la justice divine et l'amour divin seront comme l'atmosphère éternelle ?

En d'autres termes, sera-ce au philosophe de la courte vie présente, allongée d'une sorte de rêve de vie future, aussi froide qu'hypothétique au regard du souverain Bien, ou à la noble et fière croyante à une vie éternelle certaine, dans les ineffables délices de l'amour du souverain Bien vivant et personnel, c'est-à-dire du vrai Dieu qu'elle adore ?

Pour moi, je ne sais rien de plus démonstratif que cette mise en regard des deux philosophies païenne et chrétienne, si parfaitement représentées, l'une par un de ses plus brillants adeptes, l'autre par une de ces humbles femmes, que le Christ a réhabilitées jusqu'à faire de l'une d'elles sa mère et la toute puisssante patronne du genre humain.

Quand je constate, d'un côté, des vues si bornées sur une misère présente si réelle, et si hésitantes sur un bonheur futur si vague ; et, de l'autre, des pensées si hautes sur ce même état présent, et des aperçus si confiants sur cette destinée future, je comprends et je salue le merveilleux progrès accompli dans l'esprit humain par le Christianisme. Alors, au lieu d'un impuissant effort de la pensée,

S'attachant comme un lierre au débris des années (1),

je vois une projection de tout l'être vers l'Infini divin ; au lieu d'une résignation fière, mais triste, une ardente et joyeuse tendance à cette perfection future, dont le type comme le terme ne peut être qu'en Dieu ; en d'autres termes enfin, au lieu de champs élyséens, aristocratiquement peuplés de sages à vertus contestables, un Paradis céleste, où toutes les jouissances de l'esprit, toutes les adorations de l'âme, toutes les tendresses désintéressées du cœur, trouveront, pour tous les élus,

(1) LAMARTINE, 2es Méditations.

même les plus humbles, leur satisfaction légitime et leur éternelle félicité.

A coup sûr, il y a dans cette manière d'envisager la fin de la vie une largeur et une hauteur de vues qui dominent, et comme objectif et comme certitude, toutes les théories flottantes de l'antique Académie sur le souverain Bien ; et son illustre représentant romain est incontestablement forcé de céder le pas au contradicteur inattendu que le Christ même lui oppose.

C'est une merveille, reconnaissons-le, que cette interversion de rôles dans l'ordre de l'intelligence et de la foi au regard des vérités premières. Merveille vraiment incompréhensible, inexplicable, si le fait chrétien n'était là pour en montrer la raison simple et palpable dans la divine Réparation d'une chûte primitive ! Provoquée par la femme, cette chûte l'avait laissée sous le poids d'un écrasant anathème, jusqu'au jour béni, où cette femme, associée, en la personne de la Vierge-Mère à l'œuvre de salut du grand Rédempteur,

a repris sa place légitime dans la famille humaine, en recevant en quelque sorte une place à part
au sein de l'auguste Famille divine elle-même.

En ce sens, comme en tous les autres, le
Christianisme a donc rétabli l'harmonie du
monde en replaçant à côté de l'homme celle que
le Paganisme avait, au-dessous de lui, rabaissée si
fort. Il n'y a rien de plus grand dans l'histoire
de l'Humanité que cette, j'oserai dire chevaleresque, réhabilitation. Que l'homme la mécon-
naisse aujourd'hui, c'est déjà un tort de son immense orgueil ; mais que la femme ne la
comprenne pas, n'en soit pas fière, que parfois
même elle la repousse, il n'y a pas de paroles
pour exprimer tant d'inepte ingratitude.

La puissance intellectuelle de la femme ainsi
relevée, cet être, semblable à l'homme, son au-
xiliaire plus spécial dans l'ordre de la famille,
a pu, de la sorte, le redevenir même souvent
dans l'ordre de la pensée ; et notre auteur nous
en est un bien remarquable exemple.

En résumé, pour le païen, la vieillesse était « le dernier acte » d'une pièce plus ou moins bien jouée, suivie d'un épilogue de bonheur plus ou moins certain; et pour la femme chrétienne, la vie tout entière, quelque heureuse ou misérable qu'elle soit, n'est que le prologue préparatoire de l'éternelle épopée de la justice et de l'amour accomplie par les hommes sous l'œil de Dieu.

Entre ces deux appréciations, nous ne saurions

hésiter : l'éclat de la renommée, de la gloire littéraire, n'y saurait faire obstacle. Nous tenons pour Swetchine contre Cicéron, c'est-à-dire pour le bonheur céleste contre le terrestre bien-être, pour la société sans terme de l'homme, de tous les hommes justes avec Dieu, contre la société des grands hommes entre eux, orgueilleusement séparés de tous les vertueux les plus vrais, c'est-à-dire les plus humbles de cœur.

Il est bien évident, en effet, que le regard de la seconde est plus ferme, plus hardi, plus pénétrant que celui du premier; qu'il embrasse un plus vaste horizon, de plus fiers sommets, de plus consolantes profondeurs dans l'austère voie que suivent tous les mortels jusqu'aux sombres jours de la vieillesse. Cette vue d'ensemble sur les deux mondes, sur les rapports nécessaires de l'humaine liberté avec la justice divine, enfin sur cet enivrement final de l'âme au sein de l'amour qui doit l'unir pour toujours à l'Être souverainement aimable, attestent dans notre chrétienne une puissance de synthèse et une chaleur de sentiment qui fait quelque peu défaut dans la théorie si strictement utilitaire du noble romain.

Sans nul doute, celui-ci néglige trop ces ardentes aspirations de l'âme, qui la portent toujours en avant ; ce sentiment inné de justice, qui lui fait affirmer de nécessité logique un monde où tout se rétablira dans l'ordre ; ce besoin d'aimer enfin, qui ne met sur les lèvres humaines que des paroles éternelles et qui jusqu'au bord du tombeau se proclame plus fort que la mort même : toutes choses de l'ordre invisible, qui concluent aussi naturellement à un monde futur que l'arithmétique à l'infini du nombre.

La liberté de l'homme en cette vie réclame impérieusement une vie future, où la justice et l'amour aient leurs droits suprêmes. La rémunération du juste et la punition du pervers sont la conclusion forcée de tout ordre libre, de toute vertu méconnue, comme de tout crime impuni. Et qui pourrait faire la juste rétribution de tous ces actes relevant de la loi morale, si ce n'est celui qui en est le législateur nécessaire? Car, nous l'avons dit, point de loi sans législateur, c'est-à-dire, en d'autres termes, sans le Dieu qui est la souveraine justice et la souveraine vertu.

Que si, au contraire, l'assassin, qui a su esquiver la justice humaine, peut se coucher sans réveil dans la tombe à côté de sa victime invengée; si le spoliateur, le calomniateur, le violateur enfin des plus saintes lois, aussi habiles ou aussi heureux, n'ont rien à redouter d'un juge inévitable, après les insuffisantes expiations d'une triste vieillesse, il faut vraiment désespérer de tout ce qui fait l'honneur et la gloire de notre nature; que dis-je? il faut renoncer au langage humain lui-même, et à toutes ces expressions de justice, de vertu, de devoir, de temps et d'éternité, qui sont le fonds même de notre intelligence, et la manifestation adéquate de toutes les choses qu'elles nomment. Oui, et j'ajoute cet argument à tous ceux de l'illustre femme que j'ai mise aux prises avec l'illustre orateur de Rome, il s'agit de savoir ce que signifieront tous ces mots sacrés, si tout, après la vieillesse, doit s'arrêter et s'absorber dans la tombe. Qu'on veuille bien le remarquer : les mots sont manifestement les formes consubstantielles des êtres et des choses, et par conséquent leur expression nécessaire, de telle sorte qu'ils n'existent et n'ont de sens que pour cette expression même. Tout ce qui est nommé existe, si je puis ainsi dire, de nécessité de révélation, parce que tout mot révèle, et qu'on ne révèle pas le néant. Si donc nous nommons Dieu, c'est que Dieu est ; car s'il n'existait pas, il n'aurait point de nom dans le langage humain ; si nous nommons la vérité, la justice et la bonté, si elles sont aujourd'hui ce qu'elles étaient hier, ce qu'elles seront demain, ici comme dans tous les lieux, c'est qu'elles sont indépendantes de ces deux contingences, comme le Dieu dont elles constituent l'essence adorable ; si nous nommons

l'éternité enfin, c'est qu'elle est le mode d'être
nécessaire de Dieu, et que ce Dieu, aussi
puissant que bon, en créant l'homme à son
image, a voulu le doter de ce privilége inamis-
sible des substances pures.

Elle a donc eu raison cette femme de si grand
esprit, d'élever la question de la vieillesse au-
dessus des vulgarités terrestres, où l'a laissée si
modestement végéter le plus éminent écrivain
de l'antiquité païenne ; elle a donc fait preuve
d'un sens supérieur en ne voyant dans ce dernier âge de la vie qu'un trait d'union douloureux, mais consolant, entre les jouissances si
fugitives de la vie présente et l'éternel bonheur
de la vie future ; elle a surtout vaincu son grand
adversaire en plaçant le dernier but de l'être, le
souverain bien de sa destinée, non point dans
l'activité, les vanités des honneurs et des plaisirs
de la vie présente avec espoir de prolongement
en une vie future à peu près semblable, mais
dans ce doux, ce puissant, cet ineffable amour

de l'âme, pour le Dieu qui a daigné lui promettre d'être lui-même sa joie sans terme et sa suprême récompense.

L'amour de Dieu est ainsi comme la substance actuelle et la consommation future du bonheur chrétien ; et le Paganisme n'a pas connu cet amour. Les chants passionnés du Roi·prophète, de même que les mystiques ardeurs de sainte Thérèse, l'eussent étonné, scandalisé peut-être, comme des rêveries désordonnées. Que dis·je ? Essentiellement sensuel, il n'a même jamais savouré, dans l'ordre des sentiments purement humains, cet amour idéal, spirituel, chevaleresque, qui est l'honneur du cœur, et son bien le plus cher après l'enivrant, l'incomparable amour pour Dieu.

Pour notre grand païen, la vie présente, reconnaissons-le, semble trop être le principal ; la vie future, l'accessoire, sinon problématique, du moins très-vaguement et très-froidement compris.

Pour notre chrétienne, au contraire, tout se coordonne à la vie future; c'est le vrai fond de la destinée humaine. La vie présente, telle que l'a faite la chûte originelle, n'est plus que le rude chemin qui y conduit. Car l'âme, l'âme, nécessairement immortelle comme tout ce qui est simple, c'est l'homme même. Le corps n'est, en un certain sens, que sa manifestation terrestre ou, si l'on veut encore, que son lest, qu'elle doit laisser tomber, jeter même avec empressement, avec joie, à l'heure voulue de Dieu, pour s'élever plus légère et plus rapide jusqu'à ce monde éthéré, supérieur, où l'attend son bien-aimé.

C'est en ce sens que notre langue, si philosophique, se sert du mot de *dépouille mortelle* pour exprimer ces tristes restes que l'âme abandonne à la terre, dont elle se dépouille, en prenant son vol vers le ciel. Il est vrai néanmoins que cette chair réduite en poussière, devra se réveiller un jour pour reconstituer la personne humaine, essentiellement complexe en son unité :

mais la foi ne nous assure-t-elle pas qu'alors ce corps animal, froment des élus enfoui dans la terre de mort, surgira *corps spirituel* et immortel, pour fructifier dans le paradis de l'éternelle gloire? (1).

Oh! qu'il en est besoin pour celui qui a vécu de longs jours dans la foi en cette reconstitution, non-seulement de son être, mais encore de celui de tous ceux qu'il a perdus!

En effet, un des plus tristes effets de la vieillesse et que ni l'un ni l'autre de nos deux auteurs n'a, ce nous semble, suffisamment signalé, c'est cet effroyable vide que creuse la mort dans le cœur du vieillard, en lui ravissant successivement tout ce qu'il aima et tout ce dont il fut aimé. L'infortuné est, alors, semblable à ces vieux chênes, restés debout au milieu de la prairie, malgré les coups répétés de la foudre qui a brisé leur faîte

(1) Seminatur corpus animale, surget corpus spiritale. *Saint-Paul, 1 Cor. xv. 44.*

superbe, et au pied desquels l'impitoyable faulx
abat tout ce qui repousse et reverdit autour d'eux.
A ce cœur persévérant dans ses amours, à cette
âme qui aspire sans défaillance au doux revoir, il
faut évidemment la réalité que ces pressentiments
révèlent. Ainsi les espérances de la vie présente
sont les plus sûres démonstrations de la vie
future et de son éternité.

Dans cette comparaison que nous venons de
faire de deux belles intelligences, voyons donc
quelque chose de plus qu'un tournoi littéraire,
où la moins forte en apparence a néanmoins
incontestablement triomphé de l'autre. Consta-
tons-y l'immense progrès réalisé par l'esprit
humain sous l'influence de ces croyances chrétiennes si longtemps en honneur dans l'humanité,
si méconnues par l'incroyance irréfléchie ou hostile de notre âge, et formons le vœu que le Dieu
qui a rendu, sur le triste et difficile sujet de la

vieillesse, une simple femme plus sagace et plus
éloquente que l'un des hommes les plus sagaces
et les plus éloquènts de l'ancien monde, rende
le grand sens chrétien à notre humanité vieillie,
afin qu'en sa caducité volontaire elle sente se
ranimer en elle cet espoir des biens futurs et
se réchauffer cet amour du vrai Dieu, du Dieu
beau, du Dieu bon, qui doit adoucir, embellir
même toute fin.

UN DERNIER MOT

Tout semble dit. Et pourtant quelques mots encore nous semblent utiles.

Nous avons traité cette intéressante question de la vieillesse au seul point de vue d'une philosophie sainement spiritualiste.

Quelques *minces* philosophes, *minuti*, comme les appelle dédaigneusement Cicéron, ont changé tout cela.

A l'aide d'hypothèses que la vraie science repousse avec mépris, ils ont tenté de faire du

monde supérieur de l'esprit une simple évolution
du monde de la matière! Ils veulent, en d'autres
termes, que nous ne soyons qu'une forme per-
fectionnée, qui, partie de la cellule primitive,
aurait passé à travers tous les degrés de la nature
végétative et animale, pour réaliser en l'homme,
par la pensée, la parole et le sentiment, le dernier épanouissement de l'être, et continuer sans
fin ce singulier progrès.

Qu'est-ce que la vieillesse pour ces prétendus
théoriciens de la transformation vitale, si ce
n'est un anéantissement graduel, douloureux
prélude d'une crise, où devra se façonner un
nouvel être, essentiellement différent du premier?
A ces philosophes de la matière brute et de la force
aveugle, ne parlez pas de l'intelligence infinie que
présupposent les lois du monde matériel; du rapport nécessaire de tout être et de toute chose
avec une cause efficiente; de ces hiatus infranchis-
sables entre les divers plans de l'ordre matériel
qui dénoncent un créateur; de la personnalité

de l'être qui veut être persistante; de la nature de la pensée, qui, indivisible, infractionnelle, manifeste par là même la nature essentiellement semblable de sa cause, la substance pensante ; de l'intelligence humaine qui est partout première et principe dans les œuvres de l'homme et qui serait ainsi seconde et résultat dans l'œuvre de la nature; de cette Nature elle-même, enfin, pour peu que vous entendiez la douer d'intelligence et d'initiative créatrice.

En dehors de l'effet matériel et sensible, ils n'admettent, hélas! pas plus qu'ils ne nient. Le monde de l'invisible n'existe pas pour eux, par la triomphante raison qu'il ne tombe pas sous les sens!... Comme s'il ne tombait pas sous les sens de l'ouïe qui reçoit le verbe qui l'exprime, et que tout verbe ne fût pas une révélation !

Enfin les admirables transcendances de l'esprit, qui font si rationnellement passer nos pensées du fini à l'infini, du relatif à l'absolu divin, sont pour eux comme non avenues, bien qu'elles constituent des faits psychologiques, aussi réels, aussi concluants que leurs faits physiques les plus palpables.

En vérité, on ne doit réfuter d'aussi épaisses erreurs qu'en les exposant, car leur absurdité est rayonnante ; et il faut plaindre des esprits assez dévoyés pour croire faire acte de force intellectuelle en les professant. Elles ne relèvent, en effet, que du bon sens et du bon goût de l'esprit ; et il serait scandaleux que la logique dût les honorer d'une réponse. Tout esprit noble et pur se contente de les regarder de son haut, en silence, avec dignité.

Quant au monde surnaturel que ces mêmes esprits repoussent, il est assez étrange qu'ils traitent ainsi un ordre de vérité qui repose sur des faits sensibles, alors que, selon eux, des faits semblables sont l'élément indiscutable de la connaissance de toute réalité d'être et de chose. Il est vrai que, lorsqu'ils sont en face de ces faits bien établis, bien enracinés dans la foi des siècles et arrosés du sang de millions de martyrs, ils ont la ressource, et quelle ressource en vérité ? de nier le fait lui-même en l'affirmant impossible. Comme s'il n'était pas aussi logique de nier cette impossibilité du fait par le seul fait si bien prouvé de son existence !

Cette philosophie indigente, si même on la doit appeler de ce grand nom, peut agréer aux esprits paresseux, qui se figurent que le doute, la négation ou des affirmations sans preuves sont des doctrines, ou aux âmes perverses qu'un avenir de juste rétribution épouvante : elle ne sera admissible pour les esprits sérieux que lorsqu'on leur aura prouvé plus savamment qu'il y a des effets sans cause et que les causes peuvent produire des effets d'une nature diamétralement contraire à la leur ; qu'on leur aura montré des fractions de pensées et 'e sentiments, comme on peut leur montrer des fractions de ce corps, qu'on leur dit sécréter, oui, sécréter, ces sentiments et ces pensées. Alors seulement ils au-

raient à renoncer à tout ce que les pages qui
précèdent contiennent de consolant et de forti-
fiant pour leur vieillesse; ils devraient, admirable
résultat! se résigner à mourir pour ne point
revivre!

En attendant ces esprits, seuls dignes d'un si
noble nom, resteront fidèles à cette haute philosophie spiritualiste, qui fut de tout temps l'honneur de l'esprit humain, qui respecte la justice
et la bonté divine autant que l'humaine liberté,
et qui, dans ses conclusions dernières bien en-
tendues, a le mérite suprême de concorder le
mieux avec la doctrine chrétienne, doctrine
spiritualiste par excellence, dont les encourage-
ments à la vieillesse débordent d'immortalité.

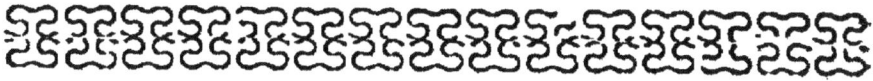

TABLE

Vienne, imp. Savigné.

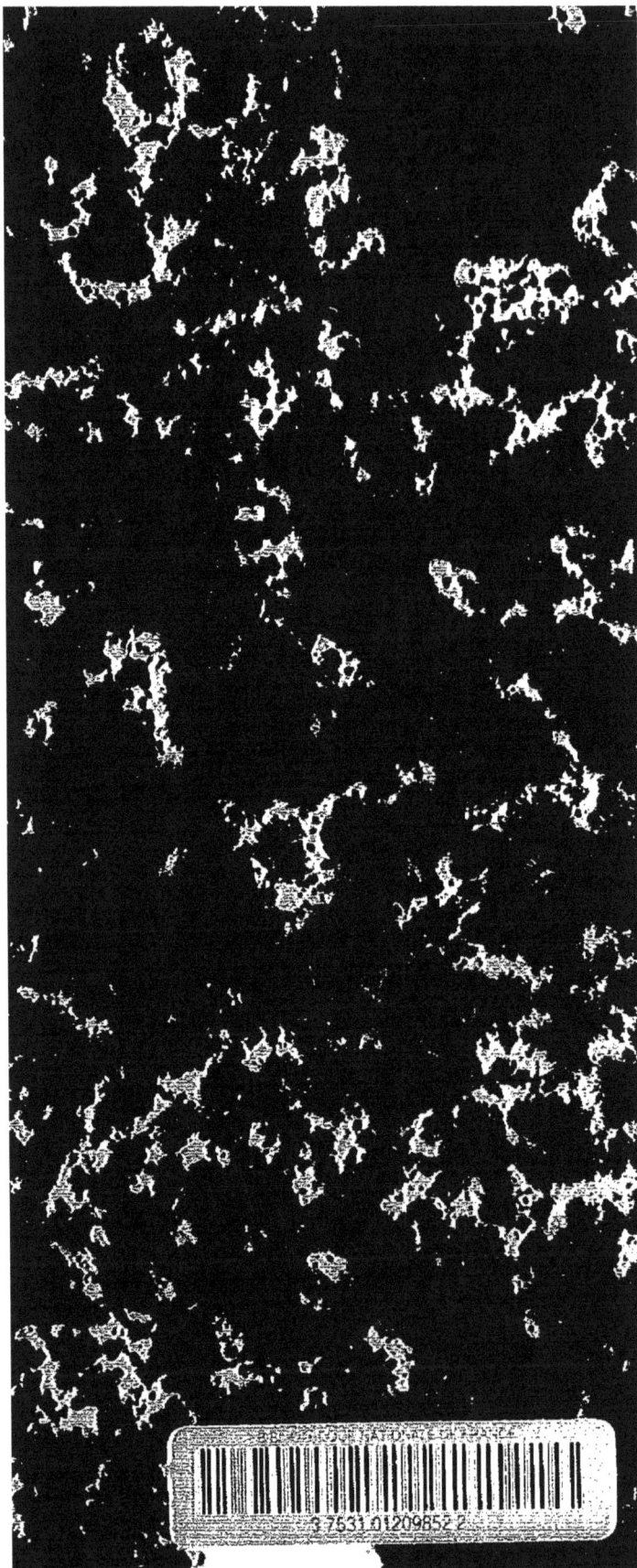

www.ingramcontent.com/pod-product-compliance
Lightning Source LLC
Chambersburg PA
CBHW060637100426
42744CB00008B/1668